몽돌

안용태 시집

몽돌

지은이 | 안용태
펴낸이 | 신중현

초판 1쇄 인쇄 | 2012년 5월 30일
초판 1쇄 발행 | 2012년 6월 01일

펴낸곳 | 도서출판 학이사
대구광역시 중구 국채보상로 101길 15(동산동)
053-554-3431~2
http://www.학이사.kr

ISBN 978-89-93280-44-9 03810

안용태 시집

■ 자서

비티재에서

돌아보니 창녕
내려보니 청도
오다가 보니 이곳까지 왔네
온 길 반 갈 길 반 비티재에서
한 아름 석양을 가슴에 안고 보니
앞만 보고 걸어온 비탈진 내 여정
이리도 눈부신 날 있었단 말인가

차례

제 1 장 주말 오후

제 2 장

만촌동의 하늘

제 3 장 불혹의 바다

제 4 장 그해 겨울

제1장
주말 오후

주말 오후
몽돌
독백
반야월
가출
물새를 기다리며
겨울 은사시
눈꽃
오해
가을편지
내 안의 꽃

주말 오후

종종걸음 치는 통유리창 풍경 너머
떡볶이집 차림표 깃발이
만장처럼 나부끼고
정처 없는 눈발
자동차 바퀴 따라 흩날리는 주말 오후
난로 위 들끓는 주전자 뚜껑이 딱히,
갈 곳도 없는 사내 맘 들썩이고 있다

몽돌

그렇게 치고도 지치지 않는
너도 너지만
그렇게 맞고도 물러서지 않는
너는 또 무어냐
감포 바닷가
권력에 눈 먼 당파 싸움처럼
뭍과 파도가 힘 겨루고 있을 때
검은 몽돌 알몸으로 뒹굴며
맨살 찢겨진 잡목 뿌리
감싸 주고 있었다

독백

당신 것 아닌 것이 아무것도 없는
거울 속 늙은 사내마저 내 것 아닌 아침
치약을 짜면서, 비누 샴푸 면도기까지
슈트를 걸치고 구두를 신으면서
내 것인 줄로만 여겨왔던 모든 것들이
내 손으로 만든 게 아무 것도 없구나
어느 날 아침,
소낙비가 당신 흔적 지우는 아침
우산을 펼치다 문득
내가 당신 영원한 우산인 줄 알았었는데
어쩌면 이마저도 당신 것이었구나

반야월

하늘이 내려앉았다
별들이 아파트 창에 매달려
아우성이다
중산에서 바라보는 반야월의 밤,
반월이 무색하게
가늠하지 못할 거대한 은하가
금호강에 실려 끝없이 흘러간다
손 내밀어 잡을 수 있다면
이 밤, 함께 휩쓸려
갈 데까지 가 봤으면 좋겠다

가출

아내가 집을 나갔다
아이가 집을 나갔다
나도 집을 나왔다
이윽고
아무도 없는 빈집에
혼자 집을 지키던 집마저
더는 외로워 못 살겠다고 집을 나오자
머물 곳 잃은 해가 눈을 감아 버렸다
온 세상이 깜깜해졌다

물새를 기다리며

물새 한 마리가
강물을 차고 하늘로 치솟았다
물을 떠난 새는 이미 물새가 아닌데
오늘도 나는 하릴없이 강가에 서서
물수제빌 띄운다
쨍그랑, 청명한 하늘 한 장이
징소리처럼 깨어진다
까탈 부려보아도
오지 않는 사람 오지 않는데
명징한 수면만 깨뜨려 놓고
수습할 수 없는 파문 위로
비상하는 물새를 바라보고 있다

겨울 은사시

렌즈 속에 가둬 둔
당신의 피사체는
언제나 홀로 선 나목이다
알몸이라기엔 보잘 것 없는
삭정이 같은 뼈대에
안개를 걸치고
바람이 흔들어도 미동도 않고
까치가 울어도 곁 주지 않는
저 홀로 고집스런
겨울 은사시나무,
서슬 푸른 당신의 가슴 안에
물푸레나무 홑씨 하나 던진다
누가 알아, 숲이 될는지

눈꽃

밤새 피운 꽃송이가
아침햇살에 속절없이 지고 있다
피는 꽃 소리처럼 지는 꽃 소리 또한
귀 기울여도 닿지 않는다
아름다운 이별이 어디 있겠냐만
불어터진 속살 보이지 않으려
꽃 지는 동안
가지 끝 고드름이 조바심이다

오해

속 보는 내과에서
속 들여다보았어요
온통 당신 발자국뿐이네요
밤마다 당신
내 잠 속 다녀간 줄도 모르고
혼자 속 끓이며
용종만 키웠네요

가을편지

잘 살아보세, 잘 살아보세
새마을운동 들불처럼 번져갈 때
불나방 같던 청춘
태백선 열차에 몸을 실었다
철커덕철커덕
가도 가도 끝없는 강원도 산골 철길
분천, 승부, 석포 지나
구절초 서러운 철암, 백산, 통리
도라지 꽃 말고는 전부가 새까만
그래서 더 서러운 탄광촌 도계역,
앞이 어딘지 뒤가 어딘지
사방팔방 막혀 가슴까지 꽉 막혀
차마 마저 읽지 못 하고
까만 스몰복 주머니에 구겨 넣어둔
눈물자국 얼룩진 順伊 편지,
경월 막소주에 취해
비라도 추적추적 내리는 새벽이면

기적도 숨차 한 달음에 치닫지 못하는
태백 준령에 기대어 울었지
아스라이 내려다 뵈는 북평역,
보라색 역등이 서러워 꺼이꺼이 울었지

내 안의 꽃

만촌동 메트로 5단지 담벼락
온통 녹색의 가시덩굴 속에
빨간 점 하나가 다가왔다
함부로 만진 장난스런 손을
장미 가시가 찔렀나 보다
조금, 아주 조금 아파했는데
피는 점점 가시마다 번져
심장이 터질 것만 같다
웬걸, 나를 찌른 가시는
마술사의 손이었다
아니다 아니다 하는 순간에도
내 안의 꽃을
자꾸 자꾸만 끄집어내고 있었다

제2장
만촌동의 하늘

가야산의 봄

잔설을 덮고 가야산은 아직 동면 중이다
뼈대 굵은 사내의 흰 두루마기 같은
산자락을 젖히고 당돌한 산골처녀가
슬몃 노천온천 댓돌위에 알몸을 누인다
골짜기를 핥고 지나온 바람의 혀가
풋살구 같은 솜털을 일으켜 세우자
미동도 없던 게으른 산맥이
부스럭부스럭 잠꼬대인 양 기지개를 켠다.
겨우내 얼어붙은 심장의 박동이 순식간
얼음 속 흐르는 개울물처럼 풀리고
불뚝불뚝 쳐드는 아랫도리가
버들강아지처럼 탱탱하다
누가 먼저랄 것도 없이 엎치락뒤치락
절정에 치닫는 진달래 꽃불처럼
턱에 숨을 몰아 한 바탕 법석을 떨며
봄은 그렇게 야단스레 오시는 것인가

내 사랑의 수몰지역

어느 날 갑자기
마을이 물속에 잠겼다
내가 봉당에 쭈그려 앉아
順伊네 살구나무를
바라보고 있을 때만 해도
냇물은 얼어 붙어 풀릴 기미 없었고
살구나무는 그저 삭정이에 지나지 않았다
철거 계고장이 왔을 때도 설마
마을이 물속에 잠기리라 믿지 않았듯
그런 順伊가,
꽃을 피우리라 누구도 믿지 않았지만
어김없는 계절은 살구꽃을 피웠고
꽃진 자리 젖꼭지가 아파 죽겠다던
그 쬐그만 가시내가
망나니 같은 개살구 하나가
입 하나 가득 침 고이게 할 줄이야
내가 그 고약한 입맛에 진저리하며

살구나무를 감아 오르던 호박넝쿨처럼
스스로 제 몸 풀지 못 해 발버둥쳤지만
물은 이미 차올라
봉당을 삼키고 지붕을 삼키고
어느 날 나는
농익어 짓무른 살구가 되어
수몰되어 가는 마을 속으로
서서히 서서히 가라앉고 있었다

만촌동의 하늘

맘 여린 사람들이 울 없이 살던
도시 변두리
척박한 땅 일구어
고추도 심고 호박도 심고
발바닥 뜨겁도록 살아 온 나날들,
비 오는 날은
늙은 수양버들 무릎에 앉아 낚시를 했지

월척 한 놈 잡으면 떠나리라
미끼 없는 낚싯대를 드리우고
이십여 년 찌를 지킨 만촌동,
지금은 메꾸어져 공원이 된 연못가에
화석이 된 붕어 가시가 울타리로 자라고
머리에 무스를 바른 개구쟁이 녀석들
덜 익은 호박을 따서 공차길 한다

고추밭을 짓밟고 도심이 한 발씩 물러와

벽돌을 쌓아 담장을 높일 때,
벽과 벽 사이
이웃은 모르는 사람으로 와서
모르는 사람으로 살다 가고
저절로 갇혀 버린 우리 안에서
올려다보는 빠끔한 하늘,
하늘은 깊은 우물처럼 우수에 젖어
거기 우물 속에 빠져 있는 작은 별 하나
만촌동 하늘에 깜박이고 있다

개망초 꽃

철없던 시절에 만나
함께한 세월이 스무 해라니
꽃다운 꽃 한 번 피워보지 못하고
제풀에 지쳐 살아도
기댈 곳이란 내 야윈 어깨 뿐 이라며
방천 둑 걸으며 하얀 웃음 날리던 아내,
잠에서 깨어 부스스 눈 떠 바라보면
서로 민망하던 얼굴이 지금은
한 송이 풀꽃처럼 밉지 않은 건
살 부비고 살아 온 세월 탓이랴
옹색한 살림 장식품이란 종이 접어 만든
학이며 별, 샘플 화장품, 꼬마 인형 따위
굳이 작은 것이 아름답다는
당신 맘 내가 모를까,
부챗살 같은 자잘한 날들 묶어
바람 한 번 일으켜 보겠다고
가계부 한 장을 백지로 넘기며

피는지 지는지 구분되지 않는 웃음을
개망초 대궁 생채기 위에
밤마다 밤마다 하얗게 매달더니
당신은 기어이 피워내고 말았구나
저어기 강 건너 방천 둑
조무래기들 함성처럼
당신 닮은 꽃이라며 굳이 외면했는데
그 자잘한 것이,
멀리서 바라보는 개망초 꽃이
저리도 큰 목소리 내지를 줄이야

아내의 전쟁

장롱이랑 이불, 가전품들이 한 바리 실려 왔고
아내의 친구들이 한 무리 몰려 왔다
풀어놓은 짐들 속에서
남편은 신혼 초에 잡아야 한다며
한 바탕 수다를 쏟아놓고 그들은 돌아가고 나는
그들의 말잔치에 녹초가 되어 잠자리에 들었다

낮은 조명아래
풀 먹인 이불깃을 걷고 아내가 일어나 중얼중얼
주문을 외우자 서로의 만남을 운명이니 숙명이니
가구들이 아내의 주변으로 몰려들었다
“내가 이 집안의 주인이다. 너희는 내 뜻에 따르라”
원목으로 선 장롱이 정중히 허리를 굽히자
거울에 매달린 인디언 인형이랑 침대 위 원앙이랑
뻐꾸기시계마저 일어나
충성을 다짐하듯 머리를 조아렸다

"자기 벌써 잠들었어?"
내가 잠에 빠져 꿈속을 헤매던 사이
욕실을 다녀온 아내가 댓잎 같은 머리를 털자
가구들이 별안간 숲으로 일어나 나를 에워쌌다
졸지에 미지의 숲속에 갇혀 버린 나는 비로소
간밤 아내 손님들의 수다를 떠 올리며
주도권 선점의 선전포고임을 깨달았다
아내의 전쟁은 이미 시작 되었고
가위눌린 나는 내가 정벌해야 할 처녀림에
톱날 한 번 세우지 못 하고 밤을 접고 말았다.

숨은 그림 찾기

나는 알아
네가 무얼을 숨기려 했는지,
네가 내 살 깊은 곳 천연두 흉터를 알듯
나는 네 머리카락 속에 감춰둔 기계충
흔적을 알고 있지, 그래 알아
우린 서로가 무엇도 숨길 수 없다는 것을

너는 그림을 그리고
나는 시를 쓴다,

순수치 않으면 한 줄도 긋지 못할 일을 하면서
네가 그린 그림에 확대경을 들이댄다
바늘 같은 솔잎이 대파 굵기로 확대될 때 아!
지난여름 송충이가 스쳐 간 솔잎의 상처까지
너는 그려놓았구나
너의 완벽한 그림에 숨은 그림 찾기란
부질없는 일인 줄 알지만 나는 너를 찾고 있다

그래 알아
애당초 너에겐 숨길 그림이 없었다는 것을
그러나 나는 너의 숨은 그림에 집착하고 있다
거봐, 너의 소나무 둥치 속에 숨겨둔 나이테를,
그건 너도 몰랐을 것이다.
그래 알아, 분별없는 아이가 억지 부리듯
내가 네 그림을 헤집어 투정하고 있다는 것을

겨울나기

그 겨울의 황량한 들녘은
바람 부는 쪽으로 해가 기울고
마른 꿀밤 잎 서걱이는 날은
끝 모를 무명실에 연을 달아 날렸지

멀어지던 연줄에 편지를 띄우면
답장의 설렘으로 팽팽해지던 연줄,
겨울 해는 짧아 어둠은 이내
발등에 내리고 그대 모습
연줄 어디쯤에서 끊어졌는지
물레에 감겨오는 연줄은
풀어지는 저녁 연기 한 자락인 듯

돌아오지 않는 답장인 줄 알면서
오늘밤 다시 나는 편지를 쓴다
소식 몰라 미어지던 가슴마저도
겨우내 연 만들어 날리다 보면

갈피 속 묻어 둔 꽃잎처럼
조금씩 조금씩 바래어지겠지

그놈

“아부지 학급비요”
밥상머리 찔끔거리며 돈 달라는 아이를
묵묵히 바라만 보던 아비 맘 네가 알랑가,

어미는 이고지고 행상 나가고
마른 콩꼬투리 같은 육 남매
저들끼리 다독이며 꾸려 가는데
유독 그놈만
눈물 콧물 범벅으로, 끝내
아비 속 있는 대로 다 뒤집어 놓고
밥숟가락 동댕이치고 달아나던 그놈,
회초리로 뒤쫓으면
뛰다 서고 뛰다 서고
못 이긴 듯 돌아서면
따라와서 발 구르던 그놈,
아버지,
오늘 그놈이

망아지 같던 그놈이 오늘
당신의 손자에게 카네이션을 받았습니다
이 꽃을 저는
저는 이 꽃을 어쩌랍니까

낮달

지팡이 걸음으로 배꼽마당까지 배웅 나와
문안 인사 올리고 돌아가는 막내아들 손에
무명고쟁이 속주머니 뒤집어
꼬깃꼬깃 말아 쥔 쌈짓돈 감추듯 쥐어 주며
“너 형수 볼라”

살아생전 마지막일지도 모른다며
문안 인사 따라온 내 친구 효정이 애비가
이 광경 무심코 바라보고
왈칵, 봇물 같은 울음 내려놓고 말았지요
아들 딸 손자 손녀 문안 올 때 받아 아껴 모은
이승에서의 전 재산,
쉰이 넘은 자식을 아직도 막내라서
널 두고 우째 눈 감을꼬,
널 두고 우째, 우째 하시더니

선달 초이레,

그리 무거운 짐 아직 벗지 못하셨는지
날도 저물기 전 낮달로 와서
메마른 감나무가지 어루만지고 있네요

아버지와 풍뎅이

뙤약볕에 앉아 깡소줄 마신다
이마 가릴 이파리 하나 없는 들 가운데
도리깨질 하시던 아버지 떠올리면
차마 그늘에 쉬지 못해
선 자리 앉아 붉은 해를 마신다
너 뙤약볕에 앉아 깡소주 마셔 봤니
그게 그리 독한 줄 몰랐던 나이에
꽁지 잘린 풍뎅이로 집 떠나오던 날
아버진 깡소줄 병째 마시고 나는
그림자만 남겨 둔 채 산모롱일 돌았다
가위, 바위, 보
운명은 그렇게 결정 나는걸,
풍뎅이 잡아 목 비틀어 놓고
팽이 돌지 않는다고 떼쓰던 내게
도리깨 날로 보릿단 뒤집으며
“이눔아 시상 없어도 저 혼자선 못 일어나”
거역이랄 건 없지만 고집대로 떠나와도

본데 없이 자랐단 말 듣지 않고 살았는데
아버지 떠올리면 화부터 난다.
화려한 두 날개를 펼쳐 보이려
당신의 풍뎅이는 멀고 먼 하늘을 날아 왔는데

겨울나무

나뭇잎이 떨어진다
한 몸이었던 가지와 잎이
분리되는 찰나의 순간,
내게서 떨어져 나간 너를 본다
몇 잎의 식솔
하나 둘 그렇게 떨어져 나가고
살 발긴 가시처럼
삭풍의 거리에 나목으로 서고서야
아버지
아비가 아비를 부른다
돌아오는 메아리가 간절하다

동짓달 그해 겨울 풍경화

– 아버지 1

눈이 내립니다
대바우골 묵정밭에 눈이 내립니다
눈 많이 오는 해엔 보리풍년 온다고
밤 마실 돌아올 때
마당 가운데 우뚝하던 아버지,

아버지,
당신 무덤 앞에 소주 한 잔 올리고
고수레 고수레
남은 음식 나누어 들짐승 먹이 두고
묵정밭 밭둑에 앉아 빈 들판 내려다보니
대처로 향한 신작로 위에
완행버스 막차가 구름 같은 눈먼질 몰고
앞날을 예고하듯 달려오고 있습니다

아버지 2

오늘, 동짓달 초하루
아무것도 물려줄 게 없다시며
산맥 같은 주름 안에 눈물 담던 아버지
당신 가시던 그 길 위로
어김없는 시간에 막차가 오고
황망히 돌아눕던 빈 들녘엔
진눈깨비 내립니다

아버지,
천봉답 서너 마지기 두렁마다 콩 심고
말무덤골 뽕잎 따다 누에고치 생산하고
지천에 널린 꼴 베어다
송아지 서너 마리 잘 키우면
품 팔지 않아도 학비 걱정 없다시며
널랑은 대처로 나가 학업에만 전념해라
당신은 이미 아셨습니다
당신의 천봉답 묵정밭 되리란 걸

아버지 3

아버지,
살아생전 한 번도 내 자식 이쁘다며
머리 쓰다듬어 주신 적 없는, 인색했던 아버지
아픔도, 슬픔도, 기쁨도
한 세상 표정 없는 얼굴로
뼛골 부러지게 일만 하다 가신 우리 아버지

아버지,
당신의 진짓상에 놓인 계란을 탐하여
밥상 언저리 흘깃거리며 옻칠 벗겨진
개다리소반 안고 잘그락잘그락 놋쇠주발 긁으면
드시던 수저 놓고 절반 남겨 물리시던 아버지
당신의 진짓상에 오른 그 계란 노른자가
이제야 깨어나 새벽닭이 됩니다
마구간 횃대를 꺾고 대처를 향하여 홰를 칩니다

보리깜부기

 풀잎마저 시름겨운 밭두렁에 누워
아스름 눈 감고 깜부기 입에 물면
짓궂은 형들 장난에 번번이 속아
보인다는 별은 한 입 먹물로 목 메이고

야윈 등에 질러 맨 헤진 책보 속에
달그락달그락 북받치는 울음,
빼꾸기는 진종일 하릴없이 울어도
사내는 태어나 세 번만 운단다
이 일은 이, 이 이는 사…
그래도 울컥울컥 목 메이던 시오리

투덜투덜 따라오던 그림자 지우고
어느덧 산그늘 치마끈 풀어지면
동구 밖 도랑가에 쭈그려 앉아
행여 누가 볼세라 눈물자국 닦았지

메타세쿼이아

눈이 내린다
마른 나뭇가지에 눈이 내린다
눈높이를 거부한 채
홀로 자란 나무,
잎 떨군 나목으로 벌판에 서면
지금은 어쩌지 못 할
늙은 메타세쿼이아
세상에 태어나 한 번도
제 살 찢어가며 꽃 피운 적 없는데
눈은 내려 내려서
마른 나뭇가지에 꽃을 피운다
삐죽삐죽 하늘 찌르던 욕망의 날들
부끄러운 마음에 어깨를 털면
눈꽃은 떨어져
떨어져 다시 눈발이 되고
눈발은 날려
날려서 다시 눈꽃을 피운다

운정리의 저녁 풍경

알곡 걸어 낸 작은 논배미 사이로
휘어 친 붓길 같은 개천이 꼬리를 흘리고
산자락 끝
교회의 종탑 아래 은은한 초가들
종소리보다 먼저 머리를 낮추는 저녁
밥 짓는 굴뚝연기 노을빛에 아련하다

붉은 해를 삼킨 서산마루
검불의 불꽃처럼 사위어 가고
계절의 강 건너 날아드는 철새들
신혼의 단꿈 녹이고 나면
더러는 남아 둥지 틀게 되리라

어둠이 내리면,
소박한 앞치마에 어둠이 내리면
소반 가에 이마를 맞대고 둘러앉는 저녁
따로이 마련한 반찬은 없어도

토장국 내음 깊숙이
낮은음 자리로 스며드는 저녁 종소리

수촌리 성당의 기억

고향은
잡히지 않는 신기루, 끝없는 목마름이지
그건 내가 알아
청포도로 빚은 미사주를 마시고
탱자나무 울타리 그것들 만나 보았거든

내가 목마르게 찾아 헤맨 네잎클로버와
남루한 옷자락에 성가시게 매달리던 도꼬마리
아버지의 베적삼처럼 모진 질경이며 쑥

탱자 꽃 이불홑청처럼 눈부시게 널려 있고
성모상 미소가 채송화 어깨를 감싸 주던
수촌리 성당,
국기 게양대보다 높은 종각 위 십자가는
바람 불 때마다 허기진 맘 붙들어 주었지
그곳엔 구호품이란 이름으로
밀가루, 버터, 밀크, 초콜릿과

아버지가 입어도 품이 헐렁한 양복, 셔츠
용도를 알 수 없는 넥타이는 개미허리 같은
우리들 허리를 질곡의 세월로 묶어 두었지

지금은 그리 신기할 것도 없는 구호품 따윈
이젠 이곳에 없어도 좋으리, 다만
보고 싶은 돌이, 용이, 순이는 없지만
나의 무딘 낫질에 한 줌 소꼴로 목숨을 앗긴
클로버, 도꼬마리, 질경이, 쑥
이들이 글쎄, 글쎄 이들이 모질게도 살아남아
내가 알고 있는 들풀의 기억으로
나를 반겨 주지 않겠니

대가천의 달

선달 초이레
그대가 가야산마루 조각달로 떠 있을 때
동네 어귀 길게 누워 쩌렁쩌렁 울던 가천이
바로 나였소
누이 같던 그대가 눈물 닦아주려
내 안에 잠시 발 들여 놓았을 때
그대 발목 잡은 얼음 또한 나였소

솔잎 같은 바람을 안고
굽이굽이 흘러
차마 눈물 보이지 마라
올려다보면 아득한 절벽,
대처로 향하던 길이 왜 그리 멀던지

'중부내륙고속도로' 개통했다 기에
단숨에 달려 왔소 행여, 설마
두 마음 앞세우면 설레던 고향 성주,

오! 내 유년의 누이, 그날 밤 그달이
아직도 얼음 속에 발목 잡혀 있다니
그날처럼 오늘 밤 어스러지게 껴안고
밤새도록 쩌렁쩌렁 울어나 보고 싶소

제3장
불혹의 바다

월영정

푸른 달빛이 강물 속 고요를 깨우듯
천 년의 잠에서 깨어
이쪽과 저쪽 끊어짐을 붙들고
이음으로 일어선 월영정*

수심 깊은 강물을 사이에 두고
얼마나 간절히 바라봤으면
두 나무가 가지를 뻗어 다리를 놓았는가
그대 사랑 이루려면 월영교를 건너오라
강물이 흘러가듯 세월이 가면
우리들 사랑도 전설이 되리

※월영정 : 안동시 소재 안동댐 아래에 있는 팔각정자

장미의 계절

고모령 기찻길 옆 철망 사이로
핏방울 같은 장미꽃망울이
툭,툭
팝콘처럼 터지고 있다
그 빨간 유혹 떨치지 못 해
꽃송일 꺾어 향기를 안는다
농염한 여인의 분 내음이 울컥,
폐부를 열고 단전에 닿자
꽃향기 보다 더 비린 욕정이
뜬금없이,
이등병 외박 나와 몰래 훔친
장미꽃무늬 順伊 팬티 속에
불뚝불뚝 가시가 돋아나
달아오른 얼굴이 꽃보다 붉다

갈잎

한 철 푸르렀으면
잎은 잎이라 떨어지는 것인데
나는 비실비실 감기약을 먹고
양지바른 곳에 앉아
마른 가지에 매달려 있는
잎 하나를 바라보고 있다
보약도 말고
그저 밥만 먹고 살다가
발갛게 얼굴 익어
홍역 앓는 단풍으로
가슴 뜨거울 때
뚝, 손 놓아 버리면
하늘과 땅 사이에 바람은 너에게
이승에서 가장 고운 모습을
갈피 속 단풍처럼
갈무리 해 줄 텐데 어쩌자고 너는
온몸을 비틀어 풍장에 오르려 하느냐

까치밥

고층아파트 베란다 위 낮달이 걸리면
다들 떠나고 홀로 남는 정오.
담쟁이덩굴 같은 일상의 뜨개질 속에
가족을 가두고 허리마다 삐삐를 채워
안테나 감도를 높이면 되돌아오는
남편과 자식의 안도의 확인.
여늬 날처럼 커피를 마신다
끓는 물에 커피 셋 크림 하나,
창가에 서면
유리창에 성에가 눈물처럼 어리고
입술에 닿는 뜨거운 찻잔에
까닭 없이 흐려오는 도시,
불현 듯 그이를 생각한다
자판기에 뽑아낸 한 잔의 커피를
나누어 마실 때 굳이
내 입술 자국에 입 대어 마시던 사내
별이라도 따다줄 듯 사랑한다 사랑한다

호언 장담하던 달콤했던 사내,
종이컵에 묻은 내 빨간 입술을 훔쳐다
고층아파트 꼭대기에 매달아 놓고
늦은 귀가에 휘청이는 그는 알랑가 몰라
내가 이렇게 댕그마니 까치밥이 되어 있는 줄

피자 만들기

품 팔아 보아 온 장바구니를
아이 녀석이 뒤지고 있다
익숙한 손놀림의 아이는
내 노동의 껍질을 벗겨
전자레인지에 열을 가한다
레인지 속 피자껍질 터지는 소리에
나는 갈라터진 손등을 어루만지며
손가락 마디를 꺾는다
콘크리트벽에 익숙하게 못 박기까지
아, 나는 나의 손등에
얼마나 많은 망치질을 했던가,
가족사진을 걸기 위해
토담집 흙벽에 찔러 박던 못처럼
망치질 한 방이면 가볍게
뚫으리라 믿었던 세상이 이토록
무지막지한 콘크리트벽뿐이란 걸
아이는 언제 쯤 알까

이제 나는 못 질 하는 달인이다
아이가 익숙하게 피자를 굽듯,

새벽 인력시장, 아직은
얼굴 윤곽도 분별키 어려운 어둠 속
오늘도 나는
가락동 청과물시장 잘 익은 수박처럼
첫 번째 몸을 파는 행운을 얻는다

새벽 마당을 쓸며

밤마다 짓고 허무는 일에 익숙해진 솜씨로
오늘 밤 나는 또 집을 짓는다.
풍수를 불러 좌로는 낙동강을 돌리고
우로는 팔공산을 앉히자, 담장은
붉은 벽돌보다 가창천 자연석이 좋을 거야
아이들에게는 산과 강이 한 눈에 보이는
넓은 창문을 달아주고
빨간 장미보다는 목련을 심자
꽃이 피면, 하얀 목련이 피면
숨을 죽이고 첫날밤 여자를 생각해야지
죽변항 어느 여인숙에서 마지막 꽃잎으로
방파제를 넘나들던 붉은 파도를,

한 모금 담배로 몽롱해지는 새벽
조간신문을 살핀다
주택복권의 당첨을 기대하며,
복권을 사기 전부터

손가락 사이로 흘려버린 나의 손금을 알지만
사글세 기한을 손꼽는 아내를 생각하면
내가 할 수 있는 일은 이것 뿐,
허탈할 것도 없는 새벽 마당에서
밤새 벗긴 나의 꽃잎을 쓸어 모은다

실개천의 꿈

개울을 떠나 산모롱이 돌아올 땐
난 그저 조잘대는 개천이었지요.
강물이 되거나 바다가 된다는 꿈
한 번도 가져본 일 없었답니다
녀석들 대처로 떠난다기에
앞서가는 조각달 꼬리별처럼
어딘 줄도 모르고 흘러만 왔어요
날 밝자 달도 별도 놓쳐버리고
함께 떠나온 친구마저 잃어버렸어요
돌아보니 아득한 가야산 자락
어머니, 어머니 불러볼 때는
이미 나는 개천이 아니었어요
대가천 여울목 물살도 어우르고
낙동강 둔치 감자 꽃도 피우고
검푸른 무청 머리카락 흔들며
시름겨운 사람들 가슴 속에 흐르는
붉고 뜨거운 강이었어요

달구벌 사람들과 노래 부르며
바다로 흘러가는 낙동강이었어요

행복한 아침

블랙홀에 앉아 있소
잡식성 동물 아가리 같은,
손잡일 당기자
우주의 한 부분이 거기 빨려 들고 있소
집착했던 생각이 집중을 잃고
풀썩이는 먼지처럼 함께 빨려들고 있소
체온을 유지했던 살점 한 덩이를
거기 떼어놓고
강나루 승객을 부려놓은 나룻배처럼
빈 배가 되어 떠 있소
행복한 아침,
나를 빨아들인 당신의 늪이
얼마나 깊고 아득한지
아직 나는 바지 끈을 추스르지 못하고 있소
늘 치르는 일상의 생리에 이렇듯 가벼운데
맘도 이처럼 비우고 싶을 때 비울 수 있다면
이젠 강을 떠나 바다에 닿아도 좋겠소

아빠의 청춘

베란다에 앉아 담배를 피운다
저만치 초승달이 떴는가 싶더니
어느덧 지고 없다
바람 한 줄기가 담배 연기를 흔든다
재만 남은 꽁초를 바라보니 특별히
장기 한 부분을 떼어낸 것도 아닌데
저녁나절 나팔꽃처럼 맘이 시들하다
한때는 나도 사랑 하나에 목숨 건
피 끓이는 청춘이었는데,
통유리 창을 사이에 두고 아내가
통가죽 소파에 앉아 나를 바라보고 있다
혁명 공약을 외치며
황소의 뿔처럼 돌진하던 젊은 투사를,
뼈와 살을 버리고도 저렇게
근사한 껍데기를 깔아 준 황소처럼
아직도 내가 피 끓이는 청춘이기를
바라는 눈빛이다

바베큐

정오의 태양이 베란다에 걸려 있다
아파트 통유리 속,
일손 놓고 알몸으로 누워 해바라기 하다
슬몃 생각의 끈을 놓으면
작살 같은 햇살이 살속 깊이 꿰뚫어
혼이 빠진 몸뚱이를 화덕 위에 올린다
코골이 하던 그녀의 몸뚱아리가
통돼지처럼 뒹굴뒹굴 익는다
고기 굽는 내음은 언제나 황홀하다
음, 콧구멍이 벌름대는 행복한 시간,
레인지 위 찜 솥이 숯덩이가 된다

헛소문

고무줄놀이에 정신 팔려
나팔꽃무늬 나일론 치마 속
부끄러움 들켜 버린 아이

그 아이 나팔꽃으로 주저앉아
닫아 버린 작은 창문은
내가 아무리 까치발을 한다 해도
끝끝내 그 맘 열지 못 하네

바람둥이 나는 언제나
그 아이 중심으로 회오리쳐 보지만
치솟고 보면 정작
치맛자락 한 번 들춰 보지 못하고
저 혼자 허공을 떠돌며
보았다, 보았다 헛소문만 날렸네

장미꽃 그녀

꽃만 보세요
도사린 가시는 보지 말고
장미, 그 아름다움만 보세요
가시가 없으면
그게 어디 장미인가요
가지고 싶으면 꺾으세요
아낌없이 꺾으세요
꺾어 내 꽃병에 꽂으세요
주저주저 하다가는 빼앗겨요
확 저질러놓고 보세요 그냥 확

불혹의 바다

잊혀지고 싶을 때가 있다
때로는 증발되고 싶을 때가 있다
숲 속에 핀 패랭이꽃은
낮은 키 높이로 누워
더러는 쉬 잊혀지기도 하는데
이렇게 실종되고 싶은 날은
바다는 어디에 숨어야 하나

부리를 다듬은 갈매기들
기별 없이 찾아와
창자를 쪼거나 심장을 짚을 때는
조석으로 피투성이 되어
앓아눕는 바다,
이렇듯 실종되고 싶은 날은
바다를 숨겨 줄 뭍은 어디인가

목련의 새벽

혼자 일어나는 새벽에 소낙비가 내리고
빈 집에 던져진 이별한 애인의 편지처럼
목련 꽃잎이 젖어 누워 있다

사위어가는 가로등 아래
굵은 빗줄기는 맨살의 꽃잎을 능욕하고
새벽을 삼키는 거대한 아침의 식욕 앞에
너는 그렇게 찢어지고 있었다

필경 어제가 오늘은 아니지만
혼자 일어나는 새벽엔 언제나 비가 내리고
젖은 꽃잎은 다시 꽃이 되기를 체념한 채
차라리 너는 그렇게 웃고 있었다

떠도는 섬

출렁임의 언저리
무슨 연유로 아이야,
체념인 듯 너는 토라져 앉았구나
끝내 너는 뭍이 될 수 없다는 듯

어쩌면 작별일 수도 있다는 절망으로
무너지는 바다,
통곡보다 더 큰 목소리로 몸부림치는
그것이 설령 파도랄지라도
뭍은 너를 안아 주려 하는데,

손을 뻗어 하늘을 잡아 보렴
네 발이 어디에 닿아 있는지
너는 아무리 떠도는 섬이라 고집해도
네 피는 뭍의 심장으로 흐르고 있단다

흔적

체인 톱니 속에 으깨어진 손가락,
곪은 자리는
도려야 치유가 빠르다는 진단에
잘라버린 무명지를 들여다본다
궂은 날은 손끝이 아려오는데
상처는 세월 가면 아무는 거라고
희망 같은 절망을 남겨둔 채
강물은 돌아보지 않고 흘러만 가고
너를 보내며
이별은 내 잘린 손가락에 비하면
그건 아픔도 아니다 싶어
흐르는 강물에 던져 버린 조약돌,
어디 너 머물던 자리 흔적이나 있으랴

절망

블랙홀을 보았소
말로만 들었던,
시월 하순 별이 지는 새벽
세기 말의 지구가
거기 빨려들고 있소
빛을 잃은 은하가
풀썩이는 먼지가 되어
함께 빨려들고 있소
비선대에서 마등령구간
외설악의 팔부능선,
믿기지 않으시면
당신도 그 시간 그 곳에 가서
한 번만 내려다보시면 아!
내가 빠진 당신의 늪이
얼마나 깊고 아득한지
나의 절망을 느끼게 될 거요

그해 3월

가뭄이 3월의 목을 비틀어
지상엔 건조주의보가 내리고
가슴엔 연일 화재 경보가 울린다
너를 만나 움도 틔우고
꽃도 피워야 하는데
우편배달부는 그냥 지나쳐 간다
목마름이 뭔지 나무는 알까
안절부절 제 가슴을 판다
가늠하지 못할 깊이에 닿아
더듬어 봐도 너는 거기에 없다
그래도 한 우물을 파야하나 싶어
머리를 치켜들면 영롱한 별들이
원피스 자락 물방울 무늬인양
어둔 밤하늘을 수놓고 있다
얼마나 더 파야 손닿을까
세상의 모든 소리가 잠든 밤
꿈결인 듯 빗소리가 들린다

환청이 아니었으면 좋겠다

증발

넘치도록 술을 채웠다
투명의 유리잔에 표면장력이 일어났고
내 정신도 가물거렸다

돌아가야 한다고 그가 이별을 말했을 때
우두커니 바라보던 술잔 속에
꼬리 잘린 언어의 받침들이
그를 붙잡으려 꿈틀거려 보았지만
이미 나의 징검다리는 흔들리고
내가 항상 꿈꾸어 온 메밀꽃 작은 별들이
나의 하늘에서 사라짐을 알았다

밀고 당기며 그나마 견뎌왔던 날들이
맞잡은 고무줄처럼 팽팽해지던 순간
깊이를 알 수 없는 추락은
시간과 공간을 갈라놓고 있었다

째각째각 어둠을 밝혀 온 시계 바늘이
내 잠의 빗장을 풀었다
텅 빈 방,
소멸되어 가는 백열등 하나가
천정 한가운데 매달려 있고
머리맡에 넘치던 술은 투명의 유리잔에
그가 자리했던 상실한 기억의 눈금으로
증발되어 있었다

그날 밤

동산병원이라며 전화가 왔다
지하철 중앙로역
불났다는 뉴스를 듣고
문득 별을 떠올렸다
신호등에 발목 잡힌 만촌 네거리
올려다보는 하늘에 별무리가 흔들렸다

유성이 검은 하늘에 빗금 쳐 흐를 때
우린 별 이야길 했었다
떨어진 별은 엄마의 뱃속에 아기가 되고
사람은 죽어 다시 별이 되는 거라고
은하수처럼 어리는 눈물이 가슴 적실 동안
검은 신천에 하나, 둘 낯선 별이 떨어졌다

밤 깊을수록 응급실 문턱이 부산스럽다
어느 날 문득 떨어진 별인 듯
분만실 창가엔 별들이 쌓이고

그날 밤,

대구라는 도시의 밤하늘엔

새로운 별자리 지도가 만들어지고 있었다

98 송년회

-IMF 원년을 보내며

지산동 공동어시장횟집
바다를 불러 송년회를 한다
도다리, 광어, 게르치, 우럭
속곳까지 발겨놓고 참소줄 마신다

비우면 채우고
채우면 비우고
마음 비우자며 했던 말 또 하고
접시를 비우며 배를 채운다

갈기갈기 찢겨져
가시로 쫓겨난 꽁치대신
물비린내 가시지 않은 해삼 멍게 올려
열합 국물 뜨겁게 끓어오르면
바다는 그제야 무너져 눕는다

초고추장 뒤집어 쓴

다시마 미역줄기 치마끈 풀어지고
꼼지락거리며 항거하던 산낙지
손 놓아버리는 태풍 지나간 자리,
파도는 저만치 지쳐 쓰러져
마음 비운 사람들 떠나보내고
닻 내린 바다 위에 빈병들만 남아
새벽종을 끌어안고 건배를 든다

파도야 일어나라 다시 한 판 벌려보자

제4장
그해 겨울

누가 이 사람을 모르시나요

1973년 고성군 간성면 89포대에서 만남
주소: 금호동 505번지 00애견센터
성명: 김은섭 1952년 4월 20일생
1976년 강서구 화곡동에서 신혼생활 후
아들 대용을 낳아 이듬해 미국으로 이민
1979년 10월 26일 호외신문 보내준 뒤
아이오와에서 LA로 이사 간다는 답장 받음
나도 그쯤 거처를 옮겨 소식이 두절됨
40년 세월,
아직도 나는 이 사람이 보고 싶다.

그해 겨울

농고 갓 졸업하고
그는 함창으로 가고 나는 성주에 남았다
공부를 왜 해야 하는지 몰랐던 무식한 촌놈
희망이 뭔지 몰라 꿈마저 꾸지 못 했던 촌놈
죽어도 농사일은 싫었던 날건달 같은 촌놈
본데없이 자라 뭘 알아야 꿈이라도 꿔보지
꿈도 희망도 없었던 청춘에게
그해 겨울 전보가 왔다
"취직했다같이일하자"
허허벌판 함창들 가운데 비닐 천막에서
닭똥치우는 일, 그 일보다 힘든 건 추위였고
그보다 닭장에 젊음을 걸기엔 청춘이 가련해
"나는 싫다" 돌아왔고
"그럼 나도 싫다" 그도 그만뒀다
그게 우정이고 의리인 줄 알았던 시절
참 많이 절망했듯 참 많이 고생도 했다
꿈이 없어도 절박하면 이루어지는 것인가

나는 지금 시를 쓰고
그는 대학생 셋을 둔 부동산컨설팅 사장님
이만하면 성공 아닌가
내가 너에게 네가 나에게 달리 욕심 없지만
주거니 받거니 밤 세워도 모자라 정 고프다

용의주도用意周到

나쁜 놈.
이리도 보고 싶어하는데
한 번쯤 와주면 안 되나
횡성수설
혼자 짝사랑하다 잠든다

만취 뒤끝 후유증이야
설명 없어도 다 알겠지만
발신 메시지 함에 남아있는
단문 문자 '용의주도한 놈'
나 참, 기가 막혀
오행시로 해명 문자 보낸다
'용기, 의리, 주체를 겸비한
도도한 놈' 맘에 드냐

세일즈맨의 하루

“싸우면 이긴다 이겨야 산다”
붉은 사훈은 언제나 빌딩의 숲속
엄밀한 곳에서 칼날을 세우고
반칙마저도 목표의 수단으로 불러와
막대그래프에 키 재기를 하면
창가에 비켜 앉은
잔설 듬성한 와룡산 잔등이
로마병정의 투구처럼 공제선을 달리고
하늘은 일제히 일어나
검붉은 함성으로 깃발을 날린다
이내 승전의 나팔은 별을 토해 내겠지
저마다의 잔에 채워진 축배를 마시고
손바닥 불나도록 박수만 치다가
치킨 또는 피자 한 판 못 사들고
무절임으로 돌아가는 퇴근길,
지지배배 아이들이 눈시울에 맺힌다

출근

우유 한 잔에 감사의 기도와
식빵 몇 조각으로 때우는 식사,
연명해 가는 목숨쯤은 그다지
염려치 않아도 아침을 밝힐 수 있지만
자동차 키를 찌를 때부터
보장받지 못하는 안녕에 대하여
서로 손 흔들어 주는 오늘은 또 이별이다

별 탈 없기를,
꽃다발처럼 밝게 돌아오기를 소망하며
묵시적 기약으로 구두끈을 묶지만
소화불량으로 퍼질러 앉은 도로에 서면
솟구치는 별일에 대하여 오금이 저린다

어디론가 날마다 우리를 찢고 지나가는 경적은
펄럭이는 만장처럼
마지막 깃발로 허공에 매달려 있지만

궁금해 하며 더듬어 보는 이는 누구도 없다
목각인형처럼 무디어진 사람들이
안녕하세요?
던져오는 물음에 무어라 답해야 하나

잊혀진 얼굴

먼 길 떠나오며 내 사랑이
바람꽃에 홀려 흔들리기도 하고
가시꽃에 찔려 울기도 하고
남은 건 남은 것대로 빛바래어
있어도 없는 듯 없어도 있는 듯
낡은 외투 깃 땟자국처럼
얼룩만 남긴 채 그렇게 사라져 간
잊혀진 얼굴이
비 오는 날은, 가을비 오는 날은
통유리 창 밖 우산 속에 숨어 걷는
모르는 여인의 창백한 얼굴 위에
빗물인 듯 눈물인 듯 어리어 온다

꽃을 위하여

내가 솜이불을 덮고 겨울을 나고 있을 때
나뭇가지는 바람에 부대껴 홍역 앓다 죽었다
너는 믿겠니 죽은 나뭇가지에 꽃이 핀다면,
죽은 듯 우리가 살아 있을 때
흙은 시린 발을 보듬어 체온을 주었고
햇빛은 주사바늘로 링거를 꽂았다
꽃은 저절로 피어나 저절로 진다 믿었듯
내 안에서 하나, 둘씩 빠져 나가는
머리카락에 대하여 외면하고 있을 때
죽은 나뭇가지가 꽃을 위하여 삭풍의 벌판에
물을 긷고 있었다면 너는 믿겠니
내 입술이 부르틀 때
생살 찢는 고통에 대하여 축배를 들자
저마다 아픔의 모양이 다르듯
장미는 장미꽃으로 목련은 목련꽃으로
사랑으로 피어나는 붉은 꽃을 위하여

이슬방울

바위틈에서 태어나
풀벌레 소리보다 낮은 목소리로
풀 섶을 헤매다
더러는 이슬 되어 하늘로 가고
더러는 남아 물방울 되었네

훗날
우리가 무엇이 되든
낮은 곳으로 낮은 곳으로
기력을 다하여 흘러가다
지탱하지 못 할 힘으로
폭포가 되어 깨어질 때도
일어나 다시 부둥켜 안으리

계곡을 돌아 다시 강물이 되면
어깨를 들먹이며 주고 받은 언약,
촉각을 세워 더듬어 보는 손가락 끝

가물거리는 우리들 기억은
행여 네가 별이 되거든
바다에서 만나자

유년의 강

금호강 변
동촌 포플러 숲 평상에 누워
숨은 듯 고여 있는 하늘을 보니
이파리 사이로 피라미가 뛴다
바람 일렁이면 쏟아지는 햇살,
수양버들 방천 따라
피라미 비늘처럼 반짝이는 모래알도
그대 있음에 눈부시고
소문 무성한 수초 사이
소금쟁이, 물방개 잔물결에도
귓불 붉히던 어린 날의 수줍은 강,
부랄 탱탱 얼도록 피라미 쫓던 한나절
어린 손금을 질러 흐르던 나의 강물은
손가락 끝 실핏줄에도 적셔지지만
반짝이는 포플러 어느 잎에도
지금은 만날 수 없는 내 유년의 강,
가쁜 숨 거슬러 닻을 내리면

여기가 포플러 숲 그쯤이던가
강섶을 깎아 단장한 선착장엔
모래밭에 벗어 둔 검정고무신인 양
통나무 놀이 배 어지러이 띄워 두고
그대 어디쯤 흘러가고 있는가

그 소녀

하이얀,
노오란 또는 빨강꽃으로 피어나
거울 앞에 서면 너는 웃고 있었다
깊은 볼우물엔 행복이 고여 있고
맑은 눈망울엔 평화가 익는 오후
거리에 서면 만나는 사람이 좋아라

봄바람은 귀밑머리에 속살거리고
겨드랑이 피어나는 아지랑이
눈길 닿는 곳마다 부끄러워라
마른 대궁 속 여린 쑥 잎
발바닥마다 간지럼 태우고
산으로 갈까 들로 갈까
촐랑대는 냇물 따라 그냥 흘러 가볼까

망개나무 덤불 속 다람쥐도 만나고
보리밭 이랑 따라 종달이도 만나고

휘파람을 불까나 콧노래를 부를까나
햇빛 따사로운 창가에 앉아
그리 진하지 않은 커피를 마시면
마음은 가볍게 민들레 홀씨가 된다

느티나무 사계

봄,
느티나무가 잎을 틔우며
제 모습을 찾아가고 있다
우리 처음 만났을 땐 빈가지 였는데
꿈결 같은 봄,
참 많은 말들 매달았구나

여름,
느티나무가 잎을 드리우며
제 모습을 찾아가고 있다
우리 처음 만났을 땐 빈가지였는데
작열했던 여름,
참 많은 말들 살찌웠구나

가을,
느티나무가 잎을 물들여
제 모습을 찾아가고 있다

우리 처음 만났을 땐 빈가지였는데
황홀했던 가을,
참 많은 말들 농익게 했구나

겨울,
느티나무가 잎을 떨구며
제 모습을 찾아가고 있다
우리 처음 만났을 때 빈 가지처럼
삭풍의 겨울,
참 많은 말들 부질없는 잎들이었구나

꽃망울로 진 목련

– 대구 지하철 화재 참사 영령들이여

뜨겁다
계란의 노른자위여,
후라이팬에 슬쩍 닿은 손가락
그 마디마디가 쓰려
살아있는 나는
조심할 걸 조심할 걸 후회 한다
임아!
그대들은 어쩌면 좋으냐
허공을 칠 손도, 땅을 구를 발도
다 잃어버린 지하철역에서
임아, 너는 어쩌면 좋으냐
아직은 겨울,
목련 꽃망울이 채 터지기도 전
성급한 우리는 너를 꺾었다
꽃병에다 꽂을 요량도
사랑하는 이에게 안겨줄 요량도 없이
대책 없이 우리는 너를 꺾었다

다시는 피지 못할 꽃인 줄 알지만
임아!
그래도 너는 다시 피어나야 한다
살아있어 부끄러운 우리들 어깨 위에
목련이라는 이름의 꽃으로 순결하게
순결하게 다시 피어나야 한다

남해 기행문

삼천포를 지나자
창선대교 위 제4막의 장이 열렸다
동대만 언덕 샛노란 유채꽃이
늑도 다리 아래 넘실거리고
죽방멸치 떼 파도를 가르는
이름하여 여기가 바로 남해런가
멸치회, 멸치구이, 멸치전골 소주 한 잔 곁들면
금산의 곁가지에 핀 짓무른 동백꽃,
생뚱맞게 춘자 생각은 또 무어란 말인가
산벚, 솜나리, 수국, 아네스
살펴보지 않으면 꽃인지 여인인지
그 아름다운 꽃술에 흐르는 꿀독에 빠져
승천의 때를 놓친 봉룡, 동룡
남해금산 상사바위 아래 잠들어도 나는 모른다
봄날, 아직은 이른 봄날
숨소리마저 부담스런 고즈넉한 바다
물건항 이팝나무 고목에 기대어

남도 풋보리 향에 취해 살풋 눈 감으면
교복에 풀물 들였던 위태로운 상상에
숨 쉬지 않아도 벌름거리는 콧잔등 위
양 미간에 모아지는 매콤달콤 자지러지는 마늘향,
아! 전원의 향기가 도경에 이르다.
붉은 해가 바다를 마시는 일몰의 시간이 오고
보리암 풍경소리 미조리 잔물결 어루만지면
우리는 다시 일상으로 돌아가야 한다
노루 꼬리 만큼 짧은 하루 해가 아쉬워
시하늘 편집장 박창기 왈,
여기가 바로 지상낙원이구나
승엽아, 우리 하룻밤 묵어가면 안 될까

섬진강 나들이

소풍 간다
벽진초등학교 40회 동기생들,
졸업하고 40년 만의 나들이다
자식새끼 키운다고
남해고속도로 들머리 산불처럼
벗겨지거나 숯이 된 가슴,
번데기 된 누에처럼 반 백 년 지어놓은
고치를 풀어 한이던가 눈물이던가
쌍계사 가는 길 섬진강에 풀어본다
늦봄,
꽃은 지고 꽃 진 자리가 아파
피멍든 벚꽃나무 바라보며
전라도와 경상도 아우르는
화개장터를 피 토하듯 겨워 낸들
어디 한 번 간 청춘 다시 오겠냐만
시샘 할라치면
명줄 긴 향나무는 천년을 살아도 저리 푸른데

반백년 비바람에 순이야, 질호야 우린 이기 뭐꼬
골 깊은 참외처럼 우리네 주름진 얼굴
분장으로 지우려 변장으로 지우려만
낙망 말아라 저기 저 쌍계사 앞뜰 삼나무처럼
우리네 자식들 사철 푸르지 않으냐
오늘은 다 벗어 두고
술이나 마시고 노래나 부르자
여적 고생 마이 했다 아이가

안개 1

젖은 너의 두 눈이
머리를 풀어 흔들 때
이별의 뜻임을 알았어도
차마, 손 흔들지 못했다
가슴 밑자리
풀씨 하나 묻어 놓고
지금은 가고 없는 너이지만
눈감으면 언제나 너는
함초롬 젖은 풀잎으로 오고
시린 귓불 자그시 깨물어 오는
붉은 속삭임은
나의 언 가슴을 녹인다
엉겅퀴 같은 너의 숨결 안으면
진저리나는 아득했던 절망도
봄풀 같은 연민으로 되살아나고
식은 너의 가슴이
다시금 불타기를 소원하며

숨은 연기를 피워 올리면
너는 홀연히 떠나가고 없다
저 만치 안개의 모습으로

안개 2

토담집 담장 너머
길게 목을 빼문 한 송이 목련이
사뭇 붉게 속살을 여미면
검둥이 안개가 목련을 훔치는 밤,
골목을 돌아 나와
손 흔들던 거리에 서면
너는 언제나 저 만치 있고
한 발 다가가면 한 발 물러서고
손 내밀면 닿을 자리에서
울먹이던 모습을 본다
서로가 원하면서
하나 되지 못하는 까닭을 알기에
더욱 저려 오던 가슴, 헛기침으로
가슴을 쓸면 어둠 저 편에서
컹컹 짖어대는 검둥이 안개,

우공이산愚公移山

고문관이란 말 들어보셨나요
홍천 제1군 야전 수송교육대
200여 명 중 운전면허 불합격자
대다수 국졸출신 운전 교육병 속에
대학 출신 어리바리한 이등병 한 명,
그의 유급 덕분에 전입 시간차가 생겨
배치된 소속부대 주소 알게 되었고
편지질로 속내 서로 조금씩 나누며
친구라는 말뜻 하나 둘 새겼지요
내가 자격지심, 공연히 눈길 피하면
그는 나보다 더 모자란 듯 낮추었고
허허실실 지는 게 이기는 것임을 진즉
깨달은 이 시대의 진정한 선생님
남 앞질러가지 않고 배려하는 맘
묵묵히 책임 다했던 속 깊은 선생님
이 시대의 고문관, 우리들의 멘토
존경하는 내 친구 이근수 선생님

숯막에서 해넘이하다

석양이 낙엽송을 태우고 있다
따다닥 나무가 신음소릴 낸다
최후의 발악이라니 아, 저 눈부심,
이글거리는 숯가마 속에
끈적이는 송진을 태우고
산은 곧 숯덩이가 된다
세상 모든 것의 마지막이
다시 태어남이라 할지라도
타오르는 불꽃보다
꺼진 뒤 노을이 더 간절한 것은
더는 태울 무엇도
남아있지 않아서만은 아닐 것이다
어둑어둑 산 그림자가 내려오고 있다
물소리
바람소리
산짐승들의 울음소리
산이 타면서 토해 낸

신음소리마저 거두어
숯가마에 불을 지핀다
저물어 가는 산촌의 숯막에
불티인지 진눈깨비인지 부산스럽다

■ 작품 해설

돌아가는 삼각지, 빠삭한 삶의 길

권순진 (시인)

안용태 시인과 알고 지낸지 십수 년이다. 나 자신 시를 쓸 의사도 능력도 없이 우연한 계기로 어찌어찌하여 〈詩하늘〉이란 문학운동모임에 가담한 게 인연의 고리였고 시작이었다. 그때 안용태 시인은 막 등단이란 관문을 통과하여 시를 향한 부푼 설렘이 그의 가슴 밖으로도 삐져나오는 게 보일 정도였고, 나는 뭣도 모르고 그런 시인이 마냥 부럽고 우러러 보이기만 했던 시기였다. 그러니까 안용태의 시 이력은 그 무렵을 기산점으로 쳐도 15년은 거뜬히 넘는다는 계산이다.

그리고서 이번이 첫 시집이다. 그만큼 곰삭고 충분히 숙성된 시집이라고 입에 침을 바르고 말하고 싶으나 솔직히 많이 게을렀다. 하지만 그 게으름은 전적으로 시인의 삶의 태도와 방식에 기인한다. 일이 년에 시집 한 권씩 뚝딱 묶어내는 시인들의 재바름이나 걸쩍거림을 그는 하나도 부러워하지 않는다. 당연한 말이지만, 시보다 존재로서의 삶 자체가 더 소중하므로 그 삶을 우선시하기 때문이다.

생활 속에서도 얼마든지 시가 들어앉아 있음을 알기에 마음이 내키면 그들 가운데서 하나씩 건져 올려 툭툭 물기를 털어내곤 했다. 시는 그렇게 삶을 지향할 수밖에 없었다. 결국 그에게는 생활이 곧 시이기도 한 것이고, 그것이 시의 도움받기가 되기도 한다. 그러므로 안용태의 시는 자기 삶의 경험에서 양성된 정서를 압축하여 표현한 글이라 할 수 있다. 의도적으로 드러내려고 하진 않지만 거기엔 당연히 직업에 따른 독특한 분위기도 배어 있을 것이고 가족에 대한 생각, 우정이나 연애관도 깃들어있다. 그리고 많은 그의 작품이 시를 방해했던 적군인 '생활' 이 아군으로 전향된 상황에서 나온 소출들이다.

생활의 달인까지는 몰라도 매사에 용의주도하고 빠삭한 그가 시에서는 좀 어수룩하고 유순한 느낌으로 다가온다. 결코 튀지 않는 생활 속 시의 질료를 자신의 몸에다 바짝 갖다 대고 쓴 시이기에 솔직하고 투명하다. 그 자신 시를 통해 현실의 팍팍한 삶을 일차적으로 위로받고자 하는 의도가 다분히 개입되었음을 알 수 있다. 그의 '착한 시' 속에는 시인 자신이 있고, 시인을 위로해주는 감정이 있고 그의 현실이 있다. 그리고 그가 받은 위로는 읽는 이에게도 고스란히 전이되고 공감으로 확산된다.

안용태의 시를 읽고 있으면 때로는 신경림 시인의 친근함이 연상되고, 또 때로는 배호의 구성진 노래를 듣는 듯하다. 뭐랄까, 대중적 감성의 대책 없는 젖은 물기가 우리의 마음을 매만지며 파고든다고나 할까. 마음이 모래처럼 서걱거리고 가슴 한 편에 바람이 스치는 날 썼을 법한 시인의 시에 내 마음을 포개고 가슴을 맞댄다. 그리고 내 심사를 고스란히 옮겨 놓은 듯한 곡조에 잠시나마 무거운 삶의 무게를 내려놓으며 함께 위로 받는다. 그것이 안용태 시를 읽는 유익이고 그의 시가 갖고 있는 미덕이자 매력이다.

시집에는 유년시절의 기억으로부터 지금에 이르기까지 시인의 삶이 정직하게 투영되어 있다. 시인에게 각

인된 기억들은 한 편의 시로서는 단편적이고 서정적인 것들이지만 전체적으로 보면 연대기적이고 서사적인 구조를 이루고 있다. 가족사가 드러나 있고 학창시절 친구들이 등장하며 고향 산천의 풍경과 여행의 기억 등 삶을 아우르는 다채로운 소재들이 녹아 있다. 모든 시인들의 공통적인 정서와 마찬가지로 거기엔 경험 안에 내재된 정신적인 번민과 그늘이 도사리고 있고, 치유의 방식도 함께 제시되어 있다.

"아부지 학급비요"
밥상머리 찔끔거리며 돈 달라는 아이를
묵묵히 바라만 보던 아비 맘 네가 알랑가,

어미는 이고지고 행상 나가고
마른 콩꼬투리 같은 육 남매
저들끼리 다독이며 꾸려 가는데
유독 그놈만
눈물 콧물 범벅으로, 끝내
아비 속 있는 대로 다 뒤집어 놓고
밥숟가락 동댕이치고 달아나던 그놈,
회초리로 뒤쫓으면

뛰다 서고 뛰다 서고
못 이긴 듯 돌아서면
따라와서 발 구르던 그놈,
아버지,
오늘 그놈이
망아지 같던 그놈이 오늘
당신의 손자에게 카네이션을 받았습니다
이 꽃을 저는
저는 이 꽃을 어쩌랍니까

–「그놈」 전문

체험된 정서와 결합된 언어는 대개가 구체적이다. 체험되지 않은 것은 상상되지 않듯이 구체어의 내면화 없이는 어떤 추상어도 자기의 것이 되지 않는다. 그러므로 체험은 아무리 강조해도 지나침이 없다. '망아지 같던 그놈'은 물론 안용태 시인 자신을 일컫는다. '그놈'에게 카네이션을 달아준 '당신 손자'는 애비 속을 지지리도 썩였던 시인의 어린 시절과는 달리 반듯하게 자라 이제 장가를 들 나이가 되었다.

그래서였을까, 그는 시집이 안 팔리고 시가 '찌라시' 취급을 당하는 이 세태에 그냥 남들 하는 식으로 적당히 원고가 모아지면 습관처럼 시집을 내는 것에 회의적이고 내키지 않아 했던 그가, 불쑥 시집을 그것도 서둘러 낼 결심을 한 것이 어쩌면 그런 이유였는지 모르겠다. 시인이 알고 있는 모든 이들과의 관계회복과 소통을 염원하면서 말이다. 사실 관계복원이라면 가장 으뜸순서에 두어야할 게 가족구성원 간 의사소통이다. 가족제도의 변화에 따른 가정 파괴 및 가족 해체는 이 시대의 심각한 사회문제로 대두된 지 오래다. 우리 문학의 화두가 된 것도 한참 되었고 지금도 끊임없이 현대소설과 시에서 이 문제를 다루고 있다.

아내가 집을 나갔다
아이가 집을 나갔다
나도 집을 나왔다
이윽고
아무도 없는 빈집에
혼자 집을 보던 집마저
더는 외로워 못 살겠다고 집을 나오자
머물 곳 잃은 해가 눈을 감아 버렸다

온 세상이 깜깜해졌다

－「가출」 전문

여러 부분에서 전통적인 가족문화가 바뀌었고 지금도 그 변화는 빠르게 진행 중이다. 가족이라는 한 울타리에 묶여 있지 않고 각자가 개별화 되어 자기 팔 자기가 흔드는 모습들이다. 가족은 함께 모여 사는 단순한 동거의 개념일 뿐, 구성원 각자가 서로들 제 삶의 페달만 열심히 밟으며 살아간다. 때로는 서로에게 서로는 성가시고 부대끼는 귀찮은 존재일 뿐이다. 더 이상 순종이나 희생은 없고(그나마 다행스러운 것은 아직 사랑의 불꽃이 꺼지지는 않았다는 사실) 아버지의 위상도 예전과는 많이 달라졌다. 과거엔 독립운동에 나선 아버지, 이념과 신념을 위해 가족을 내팽개친 아버지, 가난한 글쟁이 아버지, 농사를 짓거나 막노동을 하는 아버지에게도 존경의 염을 가졌거나 최소한 연민의 대상이었지만 지금은 어림없다. 아무리 서로 바쁘게 살아가기로서니 아버지가 생각하는 가정은 이런 게 아니었다. 시인은 '빈집의 적막강산' 을 통해 '가족의 풍비박산' 을 경고하고 나섰다.

가족문화만 바뀐 게 아니라 놀이문화도 많이 변했다. 시대가 변하면 모든 게 변하기 마련이지만 놀이만큼 크게 변한 것도 없을 것이다. 요즘은 밖에서 뛰어노는 아이들을 찾으래도 찾을 수가 없다. 대부분의 아이들이 공부에 쫓기고, 시간이 난들 PC게임과 스마트폰을 이용해 나 홀로 노는 게 대세다. 그 옛날 밖에 나가 동무들과 뛰어놀던 때와는 판이 완전히 바뀐 전혀 새로운 놀이문화다. 이런 소비 지향적 현대의 놀이문화가 아이들의 사고와 행동에 부정적인 영향을 미치리라는 우려는 오래전부터 제기되어왔다. 그 옛날의 땅따먹기, 고무줄놀이, 공기놀이, 비석치기 등의 놀이는 이제 무형문화재로나 지정되어야할 판이다.

고무줄놀이에 정신 팔려
나팔꽃무늬 나일론치마 속
부끄러움 들켜 버린 아이,

그 아이 나팔꽃으로 주저앉아
닫아 버린 작은 창문은
내가 아무리 까치발을 한다 해도
끝끝내 그 맘 열지 못 하네

바람둥이 나는 언제나
그 아이 중심으로 회오리 쳐 보지만
치솟고 보면 정작
치맛자락 한 번 들춰 보지 못 하고
저 혼자 허공을 떠돌며
보았다보았다 헛소문만 날리네

–「헛소문」 전문

학교 쉬는 시간이면 운동장으로 쪼르르 달려 나가 고무줄놀이에 열중했던 그때 그 계집아이들, 지금은 다들 어디에서 살고 있을까. '금강산 찾아가자 일만이천봉…' '푸른 하늘 은하수 하얀 쪽배에…' 다리를 쩍쩍 벌려가며 고무줄을 폴짝폴짝 뛰어넘던 그 아이 중에 순이도 있었고 영자도 있었겠다. 그들이 한창 정신 팔려있을 때 연필깎이 칼을 들고 나타나 놀이하는 고무줄을 싹둑 자르고 도망치거나 '나팔꽃무늬 나일론치마속'을 히뜩 들추고 달아난 갑수와 영철이 같은 악동도 반드시 등장했다. 그 가운데 용태가 끼어있었는지도 모르겠다. 어쩌면 바람둥이의 싹수가 그때서부터 무럭 무럭 자랐을 수도 있겠다. 아무튼 뭘 보았는지 보지 않았는지 내막은 잘 모르지만 헛소문이라고 하니 그런 줄 알겠다.

무릇 시는 어떠한 경험이나 애착에 의해 생긴 시인의 정서를 다룬다. 그래서 흔히 정조情操(sentiment)와 강렬한 감정이 동반된다. 사람과 사람 사이의 간절한 그리움 또한 그렇다. 어쩌면 모든 시는 그리움의 정서를 서정의 기축으로 삼고 있는지도 모르겠다. 사물에 반응하거나 사물을 집적대거나 마음 안의 갈증을 풀어내거나 간에 시는 그리움이라는 정서적 진자의 움직임과 긴밀하게 연동되어 있다. 그리고 시인의 경험은 그것이 구체적이고 직접적이건 아니면 심리적이며 간접적이건 간에, 독자는 그것을 읽고 시인과 경험을 연대하게 된다.

그 겨울의 황량한 들녘은
바람 부는 쪽으로 해가 기울고
마른 꿀밤 잎 서걱이는 날은
끝 모를 무명실에 연을 달아 날렸지

멀어지던 연줄에 편지를 띄우면
답장의 설렘으로 팽팽해지던 연줄,
겨울 해는 짧아 어둠은 이내
발등에 내리고 그대 모습
연줄 어디쯤에서 끊어졌는지
물레에 감겨오는 연줄은
풀어지는 저녁 연기 한 자락인 듯

돌아오지 않는 답장인 줄 알면서
오늘밤 다시 나는 편지를 쓴다
소식 몰라 미어지던 가슴마저도
겨우내 연 만들어 날리다 보면
갈피 속 묻어 둔 꽃잎처럼
조금씩 조금씩 바래어지겠지

–「겨울나기」 전문

먼 그리움의 아득한 거리를 조금이라도 좁혀보고자 겨우내 만든 연을 띄운다. '돌아오지 않는 답장' 인줄 빤히 알지만 그렇게라도 하지 않고는 쓸쓸하기 그지없는 겨울을 견딜 수 없었던 것이다. 순수하고 애틋한 그리움의 대상이 사랑했던 사람일 수도 있겠고 지금은 소식 끊긴 어릴 적 동무일 수도 있겠다. '갈피 속 묻어 둔 꽃잎'은 가슴 속 밀실이다. 시인들은 외롭고 쓸쓸하지만 그들이 짓는 시의 집들은 그래도 다 살만한 것들이어야 마땅하다. 비록 그것이 무념무상 달관의 집이거나 허무의 집일지언정 말이다.

시에서는 길을 잃어도 좋다. 시인에게 시와 시적 대상의 완전한 일치란 존재할 수 없다. 기억의 재구성 과정에서 상상력이 개입되고 작동하기도 한다. 그래서 시에는 상상력이 넘쳐흐른다. 하지만 안용태 시의 대부분은 그 경험의 명징한 구체화로 진정성이 두드러지고 서정성이 더욱 빛을 발한다. 특히 '보리깜부기'는 개성 있는 언어로 농축된 미적 표현과 음률의 흐트러짐 없는 경쾌함이 전통적 서정시의 아주 좋은 예문을 보는 듯하다. 읽는 이에게 대뇌는 물론 시각, 청각, 촉각 등의 여러 감각에 일제히 자극을 가한다. 시는 그러한 감각이 인지한 세계에 귀의하는 것임을 이 시는 잘 보여주고 있다.

풀잎마저 시름겨운 밭두렁에 누워

짓궂은 형들 장난에 번번이 속아
아스라이 눈 감고 깜부기 입에 물면
보인다는 별은 한 입 먹물로 목 메이고 ,

야윈 등에 질러 맨 헤진 책보 속에
달그락달그락 북받치는 울음,
뻐꾸기는 진종일 하릴없이 울어도
사내는 태어나 세 번만 운단다
이 일은 이, 이 이는 사…
그래도 울컥울컥 목 메이던 시오리

투덜투덜 따라오던 그림자 지우고
어느 듯 산그늘 치마끈 풀어지면
동구 밖 도랑가에 쭈그려 앉아
행여 누가 볼세라 눈물자국 닦았지

－「보리깜부기」 전문

시인의 고향은 성주군 벽진면이다. 안태본에 대한 향수, 무한한 자연과 유한한 인생을 대비시켜 유린된 추억을 못내 그리워하고 있다. 고향에 대한 밝고 맑은 감촉보다는 가난의 서러운 아픔이 깊게 배인 회상이다. 하지만 현재의 시점에서 가난을 이토록 아름답게 회억한다는 의미는 깊게 패인 상처를 들쑤시는 고통의 되새김질이 아니라, 저 동구 밖 도랑가에 나가 '저문 강에 삽을 씻는' 심경으로 지난날의 짓궂은 형들과 흘러간 세월들을 모두 용서하고 그들과 화해하겠다는 씻김굿의 몸짓이다.

'효는 인의 근본'이라는 공자의 말에서 알 수 있듯이 인은 부모형제라는 혈연에 뿌리를 둔 사랑에서 생겨나는 것이며, 이런 감정을 아무런 인연이 없는 생판 모르는 사람에게까지 넓혀가는 것을 '인仁'이라고 한다. 맹자는 사람을 가엽게 여기는 측은지심에서 사랑이 생긴다고 했다. 불교에서 말하는 '자慈'는 진정한 우정이며, '비悲'는 연민과 상냥함을 뜻한다. 이처럼 동양에서 사랑은 타인을 자신처럼 생각하는 것을 의미한다. 그렇다면 그 사랑이 최초 로 배양된 곳이자 발원지는 역시 어머니라 하겠다. 어머니에 대한 사랑과 연민이 있는 한 '인'의 희망도 존재하는 것이다.

지팡이 걸음으로 배꼽마당까지 배웅 나와

문안 인사 올리고 돌아가는 막내아들 손에
무명고쟁이 속주머니 뒤집어
꼬깃꼬깃 말아 쥔 쌈짓돈 감추듯 쥐어 주며
“너 형수 볼라”

살아생전 마지막일지도 모른다며
문안 인사 따라온 내 친구 효정이 애비가
이 광경 무심코 바라보고
왈칵, 봇물 같은 울음 내려놓고 말았지요
아들 딸 손자 손녀 문안 올 때 받아 아껴 모은
이승에서의 전 재산,
쉰이 넘은 자식을 아직도 막내라서
널 두고 우째 눈 감을꼬,
널 두고 우째, 우째 하시더니

섣달 초이레,
그리 무거운 짐 아직 벗지 못하셨는지
날도 저물기 전 낮달로 와서
메마른 감나무가지 어루만지고 있네요

–「낮달」 전문

어머니를 생각하면 누구나 까닭 없이 목젖이 잠긴다. 까닭이 없는 게 아니라 너무나 명백한 사랑의 시원이고 호흡기이기에 공기처럼 잘 인지하지 못했을 뿐이다. 어머니란 존재는 다른 이것저것 재고 생각할 겨를 없이 즉각적이고 본능적인 반응을 이끌어낸다. 본디 한 몸이었다가 서로 갈라져 다른 몸이 되었으니 왜 아니 그렇겠는가. 시에서 보듯 시인의 의식 속에는 그 어머니의 동작에서부터 말투 하나까지 모든 것이 각인되어 있다. 이미 타계한지 여러 해가 된 어머니가 낮달로 떠서 마치 살아 현존하는 것 같은 착각을 불러일으킨다. 한없이 자애로웠던 손길과 나이 쉰을 넘은 막내에 대한 막무가내의 사랑이 사무친 그리움으로 눈시울을 적시게 한다.

생텍쥐페리의 〈어린왕자〉에서 가장 강렬한 기억으로 남는 대목은 '중요한 것은 마음으로 보아야 한다' 라는 말이다. 시는 바로 이 독심술을 가르치는 교재이기도 하다. 문학은 선과 악, 그리고 진실과 거짓을 알게 하는 그릇이며 자신의 삶을 인간답게 고양시킬 수 있는 수단이 되기도 한다. 인간이 창조한 가장 차원 높은 문화가 예술이라면, 이 예술 가운데서 가장 기본적인 갈

래가 문학이며, 그 중에서도 시를 문학의 으뜸 자리에 두는 게 통념이다. 시적 사유가 인간이 생각하는 동물임을 극명하게 일깨워주고 있다.

나는 알아
네가 무얿을 숨기려 했는지,
네가 내 살 깊은 곳 천연두 흉터를 알듯
나는 네 머리카락 속에 감춰둔 기계충
흔적을 알고 있지, 그래 알아
우린 서로가 무엇도 숨길 수 없다는 것을

너는 그림을 그리고
나는 시를 쓴다,

순수치 않으면 한 줄도 긋지 못할 일을 하면서
네가 그린 그림에 확대경을 들이 댄다
바늘 같은 솔잎이 대파 굵기로 확대될 때 아!
지난여름 송충이가 스쳐간 솔잎의 상처까지
너는 그려놓았구나
너의 완벽한 그림에 숨은 그림 찾기란
부질없는 일인 줄 알지만 나는 너를 찾고 있다

그래 알아

애당초 너에겐 숨길 그림이 없었다는 것을

그러나 나는 너의 숨은 그림에 집착하고 있다

그 봐, 너의 소나무둥치 속에 숨겨놓은 나이테를,

그건 너도 몰랐을 것이다.

그래 알아, 분별없는 아이가 억지를 부리듯

내가 네 그림을 헤집어 투정하고 있다는 것을

-「숨은 그림 찾기」 전문

살다보면 부부사이건 친구관계이든, 또는 직업상 거래로 만나는 경우든 사람과 갈등으로 얽히고 부딪힐 때가 있다. 그럴 때 서로 상대방이 무슨 생각을 하는지 일단 탐색전부터 벌인다. 상대의 마음을 이해하고 헤아리기 보다는 확대경을 들이대며 상대의 단점이나 약점을 먼저 찾아 들추어내기 일쑤다. 서로가 너그러운 마음과 배려하는 마음을 갖는 게 쉽지 않으며, 끝내 평행선으로 갈 데까지 가는 경우도 많다. 마음으로 보지 않고 본능적인 자기 방어 혹은 상대를 욕망의 대상으로 보기 때문이다.

아내와 자식 등 가족은 안용태 시의 현저한 주요 캐릭터다. 그만큼 그에게 가족은 시를 써온 이래 지속적으로 애환을 함께 해온 시적 공동체가 아닐 수 없다. 「아내의 전쟁」 등은 아내와의 심상찮은 갈등이 앞모습으로 깔린다. 이 숨은그림 속의 '너' 도 어쩌면 아내를 지칭한 것일 수도 있다. 그리고 안용태의 시에 유독 높은 빈도로 등장하는 시어가 '부질없음' 이나 그와 유사한 단어이다. 그것은 분명히 일보 후퇴를 의미한다. 그저 후퇴가 아니라 사유를 통해 번뇌를 끊겠다는 전언이고, 나아가 제행무상諸行無常 즉 생명의 덧없음을 깨닫는 경지를 뜻한다. 그럼에도 이 '숨은 그림 찾기' 에서는 '부질없는 일인 줄 알지만 나는 너를 찾고 있다' 고 한다. 멈추지 못하고 포기할 수 없는 집착이 단 하나 있다면 그것은 아마 사랑이리라.

살아가면서 우리는 수많은 인연과 사랑을 하고 이별을 한다. 불교의 인연설에 의하면 연이 닿는 것을 인연이라 하고 모든 존재는 인연에 의해 생겼다가 인연에 의해 멸한다고 한다. 우리네 인연이란 것도 도무지 예측불허이기에 너무 자신만의 생각을 고집하다 보면 애써 다가온 좋은 인연도 멀어지게 된다. 좋은 인연으로 만났는데 그 인연을 살리지 못하고 어느 날 갑자기 멀게 느껴질 때는 다 그만한 연유가 있게 마련이다. 인연 또한 흐르는 물과 같아서 한 인연 흐르고 나면 또 다른 인연이 다가와 채운다지만 인연의 소멸에 어디 물처럼 무심하기만 하랴.

지금까지 안용태 시인의 시를 듬성듬성 들여다보았다. 인용된 시는 랜덤으로 손에 잡히는 순서에 의한 것이기에 시인의 시세계를 밀도 있게 정리하여 보여주진 못했다. 이밖에도 우리들 눈에는 그저 심드렁하게 보이는 것들을 시인의 혜안으로 건져 올린 수작들이 여러 편 눈이 띄었는데 다 언급하지 못한 점이 아쉬움으로 남는다. 시에서 안용태 시인은 인간적인 소탈함과 넉넉한 품을 가진 사나이라는 느낌을 준다. 드문드문 남성적 호연지기와 끼도 엿보이지만 무엇보다 원칙과 의리를 중히 여기는듯하다. 영판 빠삭한 생활인의 모습이다.

시인들이 펴내는 첫 시집은 자신이 겪어온 삶의 내력을 충실하게 담아내는 이른바 '성장 서사'의 속성을 띄는 경우가 많다. 그 점에서 대개의 첫 시집은 내밀한 서정이 자전적 서사를 아늑하게 감싸는 일종의 서정적

'서사 시집' 이다. 하지만 비교적 느지막이 시단에 나온 이들의 경우에는 성장통에 대한 충실한 재현보다는 구체적 경험들로부터 비롯된 인생론적 깨달음이나 자신의 삶에 대한 깊은 반성적 사유를 드러내는 쪽이 더 많다. 안용태 시인의 첫 시집 또한 그 테두리를 크게 벗어나지는 않았다. 이를테면 자신이 살아온 삶의 무게와 둘레의 사람들에 대한 일정한 사랑과 그리움을 진중하게 담아내면서, 동시에 삶의 깨달음을 통해 인간적 완성을 갈망하는 태도를 드러내고 있다.

나이 든다는 것은 적당한 빈틈을 허용하고 한결 여유로워진다는 것이다. 삶의 폭이 넓어지고 깊어져 분노하기보다 이해와 관용이 먼저 작동되어야 하는 것이다. 더러 폐기하는 일에 망설임이 없고 적당히 녹슬도록 유기하는 것도 늘그막 삶의 한 방법이다. 시인은 이미 삶에서는 그런 집착과 욕망이 과부하인 것을 눈치 챘다. 물론 지금껏 냅다 달려왔던 속도의 관성이 그에게서 아주 사라진 것은 아니다. 하지만 그의 첫 시집 〈몽돌〉을 내기 전과 그 이후의 삶과 시는 분명히 달라질 것이라는 예감이 든다. 생활의 자장 안에만 갇히지 않고 '돌아가는 삼각지' 처럼 꺾어지는 시의 길을 자주 걷게 될 것이다. 〈몽돌〉은 그 아득한 길을 역동적으로 달려온 시인에게 주어진 보상이자 동시에 시인이 앞으로 보여줄 시세계가 더욱 경쾌하고 활력이 넘치리라는 신표이기도 하다. 이 시집이 많은 독자들과 함께 오래하길 바라며 시인 안용태의 시적 변모를 지켜보고 싶다.